Charles Lévêque

Les Destinées de la Sculpture

Essai

 Le code de la propriété intellectuelle du 1er juillet 1992 interdit en effet expressément la photocopie à usage collectif sans autorisation des ayants droit. Or, cette pratique s'est généralisée dans les établissements d'enseignement supérieur, provoquant une baisse brutale des achats de livres et de revues, au point que la possibilité même pour les auteurs de créer des œuvres nouvelles et de les faire éditer correctement est aujourd'hui menacée. En application de la loi du 11 mars 1957, il est interdit de reproduire intégralement ou partiellement le présent ouvrage, sur quelque support que ce soit, sans autorisation de l'Éditeur ou du Centre Français d'Exploitation du Droit de Copie , 20, rue Grands Augustins, 75006 Paris.

ISBN : 978-1719260169

10 9 8 7 6 5 4 3 2 1

Charles Lévêque

Les Destinées de la Sculpture

Essai

Table de Matières

Introduction	7
Section I	9
Section II	18
Section III	24

Introduction

Il y a aujourd'hui soixante-cinq ans, en l'an VI de la république, le directoire, ayant à célébrer l'anniversaire du 9 thermidor et voulant ôter à cette fête tout caractère de haine politique, organisa une grande solennité où les cœurs pussent s'unir dans un même sentiment de concorde et de patriotique orgueil. Il décréta que les monuments précieux enlevés à l'Italie à la suite de nos conquêtes seraient transférés de Charenton, où des bateaux les avaient apportés, jusqu'au centre de Paris avec la pompe et l'appareil d'une cérémonie antique. Un témoin oculaire, qui vivait encore il y a quelques mois, M. E.-J. Delécluze, dans son livre sur Louis David, nous a donné un récit intéressant de cette entrée triomphale, où ne manquait que le triomphateur, alors en Égypte. À la vue des chefs-d'œuvre de l'antiquité et de la renaissance dont nos musées allaient s'enrichir, de vives espérances s'éveillèrent. On se plut à rêver pour les arts plastiques une ère nouvelle de fécondité. On se flatta qu'autour de l'*Apollon du Belvédère*, des *Muses*, du *Laocoon*, du *Gladiateur*, des merveilles rivales de celles-là ne tarderaient pas à éclore. Quelques hommes toutefois, Quatremère de Quincy et Louis David surtout, en jugèrent autrement. Ils pensèrent et dirent l'un et l'autre que les œuvres de l'art antique devaient rester en Italie comme dans leur pays natal, et que là seulement elles pouvaient exercer une salutaire influence. David allait plus loin. « La vue de ces tableaux et de ces statues, disait-il, formera peut-être des savants, des Winckelmann ; mais des artistes, non. »

À ne parler pour le moment que des savants et des antiquaires, Louis David ne se trompait pas. Les marbres du Vatican installés au Louvre excitèrent et portèrent jusqu'à la passion ce goût des études archéologiques et de l'histoire de l'art que diverses circonstances, mais principalement la découverte d'Herculanum, puis celle de Pompéi, avaient fait naître dès le milieu du XVIIIe siècle. On demeurait confondu de la perfection de ces statues d'hommes, de dieux, de déesses, auxquelles pouvaient être comparées un seul instant les œuvres les plus achevées de notre art national. On se demandait si ces modèles de beauté étaient décidément inimitables ; mais on inclinait à croire qu'ils seraient égalés, surpassés même, pourvu que l'érudition sût retrouver et indiquer au juste les conditions dans lesquelles l'art grec avait longtemps et admirablement fleuri. L'institut partageait cette illusion ou cette espérance, lorsque deux ans plus tard, en l'an VIII, il proposa pour sujet de concours la belle question que voici : « quelles ont été les causes de la perfection de la sculpture antique, et quels seraient les moyens d'y atteindre ? » Il est probable que de nos jours la même question serait énoncée en termes un peu différents : on demanderait, non plus quels sont les moyens d'égaler la sculpture antique, mais s'il existe encore de tels moyens. Ce dernier langage supposerait un doute ; celui des académiciens de l'an VIII n'en admettait pas. Ils comptaient évidemment sur une réponse affirmative, et ils l'obtinrent.

Cette réponse fut donnée par Emeric David dans un mémoire qui reçut la couronne du concours. L'Institut avait jugé que, malgré quelques défauts et certaines opinions contestables, ce manuscrit présentait « un assez grand nombre d'idées et d'observations propres à accélérer la marche de l'art vers sa perfection. » Il invita en conséquence l'auteur à publier cet ouvrage, qui parut bientôt après sous le titre de *Recherches sur l'art statuaire, considéré chez les anciens et chez les modernes*. Le livre venait à propos ; il plut aux savans par une certaine érudition et des textes habilement groupés, aux artistes par des connaissances techniques puisées dans l'atelier même, à tout le monde par une admiration sincère des chefs-d'œuvre et un vif amour du beau, exprimés dans un style dont la chaleur, parfois un peu déclamatoire, convenait au goût du temps. Il eut donc alors une grande vogue. Mais la question qu'Émeric David agitait, l'a-t-il résolue ? ou bien est-elle encore pendante et faut-il la poser de nouveau, et la résoudre autrement ? Tels sont les points que nous avons l'intention d'examiner. Aujourd'hui comme en 1799, et avec plus d'inquiétude peut-être, on se préoccupe de l'avenir de la statuaire. Sans méconnaître l'éclat qu'elle a jeté depuis la renaissance jusqu'à nos jours, on regrette que la sculpture française n'ait pas eu un progrès assez continu, une verve assez abondante, un accent assez moderne et assez national. On est ambitieux pour elle. Les uns lui reprochent de se traîner dans l'ornière de la routine, les autres d'incliner au réalisme, qui serait, disent-ils, sa ruine. Comment la placer dans la voie qui est la sienne, et où est cette voie ? Faut-il, pour la trouver, regarder en arrière et remonter timidement le cours des traditions ? Faut-il au contraire rompre avec le passé, se précipiter en avant et n'attendre que de la fantaisie le renouvellement et le progrès ? Ou, sans courir de tels hasards, convient-il cependant de renoncer à la prétention vaine de recommencer l'art grec, et ne serait-ce pas un sage parti que de poursuivre seulement quelque heureuse et possible alliance entre la forme idéale et l'esprit moderne ? Ces diverses questions, que se pose journellement la critique sérieuse, s'éclairciront peut-être, si nous recherchons avec Émeric David d'abord quelles furent les causes physiques, religieuses et politiques de la perfection de la sculpture grecque, puis quelles en furent les causes techniques et philosophiques ou esthétiques, enfin jusqu'à quel point ces mêmes causes ont pu agir et pourraient agir encore sur les destinées de la sculpture moderne.

Section I

Celui qui s'est proposé de découvrir les principes de l'art rencontre tôt ou tard devant lui un fait primitif et inexplicable, la vocation. On naît poète (ce mot d'un ancien est resté vrai ; mais on naît artiste aussi et, parmi les artistes, les uns naissent musiciens, les autres peintres, les autres sculpteurs, les autres architectes. Quelques hommes à peine ont possédé plusieurs de ces aptitudes à la fois ; encore faut-il remarquer que les arts qu'embrassa leur génie étaient frères, comme les arts du dessin, et qu'ils y excellèrent inégalement. Cette puissance native, la science aura beau faire, elle ne l'enfantera jamais, pas plus qu'elle n'arrivera par la synthèse chimique à créer un homme vivant ou même un simple brin d'herbe. Pareillement certains peuples naissent artistes ; bien plus, parmi les arts qu'ils cultivent avec succès, il en est presque toujours un ou deux qu'ils s'approprient par une sorte d'énergique affinité, dont ils font l'expression éminente de leur caractère, et où ils deviennent et demeurent maîtres à jamais. Il est superflu de se demander comment tel homme ou tel peuple naît artiste ; puisque c'est là un mystère impénétrable ; mais ce qu'il est utile de chercher et permis de savoir, c'est une aptitude évidente, une vocation réelle étant donnée, quelles sont les 'conditions où elles ont atteint autrefois leur entier développement.

Le peuple grec était né artiste. Parmi les arts, qu'il a tous aimés, il en est un au moins, la sculpture, qu'il a porté si haut que dans les temps qui ont suivi, aucun génies aucun peuple n'a pu égaler cette désespérante perfection. Avant de dire un mot de plus, comment ne pas reconnaître que cette invincible supériorité lui vint de la faculté dont il fut doué au degré suprême d'apercevoir, de sentir, d'exprimer les charmes de la beauté plastique ? Le peuple grec disparu, ce sens exquis s'est émoussé. Ce qui sautait aux yeux des Grecs, la plupart d'entre nous, ne le démêlent qu'à force d'attention ; ce qui les ravissait nous trouve et nous laisse souvent insensibles. Dès l'origine de leur littérature, l'éloge de la grâce et de la forme visibles remplit leurs ouvrages. Déjà dans le vieil Homère la beauté physique est chose divine. Il ne la décrit pas à la façon de Lucien et des autres rhéteurs de la décadence, il se contente de l'élever à la hauteur d'un attribut dont ne peut se passer la majesté des dieux. Chez ses héros, la beauté est l'éclat ; le couronnement nécessaire des plus mâles vertus. Des faits nombreux attestent que, de bonne heure et jusqu'à la fin, les Grecs regardèrent la beauté comme un caractère religieux et sacré. Dès les temps anciens, on n'accordait le sacerdoce de Jupiter qu'à l'enfant qui avait été vainqueur dans le concours de la beauté, et sitôt qu'il arrivait à la puberté cet insigne honneur passait à un autre enfant. À l'époque où écrivait Pausanias, les Thébains étaient encore dans l'usage de nommer prêtre d'Apollon pour l'année l'enfant qui l'emportait par l'éclat de la naissance, par la vigueur et par la beauté. À Tanagre, c'était le plus bel adolescent qui devait porter un agneau sur ses épaules aux fêtes de Mercure. C'est sa beauté singulière qui valut à Sophocle la gloire de conduire le chœur d'adolescents qui, la lyre à la main, le corps nu et parfumé, chantèrent l'hymne de victoire et dansèrent autour des trophées après la bataille de Salamine. S'il est vrai, comme l'a dit Boileau, que l'on énonce clairement ce que l'on conçoit bien, le peuple qui comprenait ainsi la signification et la valeur esthétique de la forme était prédestiné à la reproduire avec une incomparable puissance.

Personne a-t-il jamais prétendu expliquer par la seule influence d'un heureux climat ce rare privilège de distinguer rapidement les forces expressives du visage et du corps de l'homme ? Nous ne le pensons pas. Une telle opinion serait insoutenable. Il s'ensuivrait en effet qu'un climat, aussi longtemps qu'il resterait le même, produirait constamment en nombre égal des artistes d'égal génie, que, tous les climats plus ou moins semblables à celui-là offriraient le phénomène d'une abondance plus ou moins pareille, qu'enfin les climats rigoureux et tristes, comme l'Angleterre, la Hollande et l'Allemagne septentrionale, seraient, quant aux beaux-arts, éternellement stériles et maudits. Winckelmann, qu'Émeric David semble accuser ou réfuter, est loin d'être tombé dans cette erreur matérialiste. Il s'est borné à dire que le beau ciel de la Grèce était admirablement propre à seconder le développement des facultés de l'esprit et des forces du corps. Ceux qui ont vécu dans la Grèce d'aujourd'hui, quoique cette Grèce dépouillée en trop d'endroits et généralement aride et brûlante, soit très différente à coup sûr de la Grèce de Périclès, ceux-là, s'ils parlent avec sincérité, donneront raison à Winckelmann, qui d'ailleurs n'en jugeait que sur le témoignage des écrivains grecs. Peut-être l'auteur de l'*Histoire de l'Art* aurait-il dû se méfier un peu plus des voyageurs modernes qui lui garantissaient la persistance de la beauté physique dans la race hellénique contemporaine, et n'en pas inférer si aisément que le soleil de l'Attique et du Péloponèse avait eu autrefois la vertu d'embellir les visages. Le fait ne paraît pas suffisamment prouvé. Toutefois, et malgré les regrets de Cicéron, qui se plaint quelque part d'avoir rencontré à peine un seul bel homme dans la foule des jeunes gens que l'on voyait de son temps à Athènes, il est probable que chez les Grecs, qui attachaient tant de prix aux formes du corps, la beauté était moins rare que chez les modernes. La douceur du climat n'en fut pas la cause directe, mais elle dut y contribuer de diverses façons. Cependant, de peur de faire au climat la part trop large, Émeric David n'a pas daigné signaler, même en passant, les avantages de la vie physique en Grèce. Il vante à la vérité la gymnastique, mais il semble n'avoir pas soupçonné qu'elle devait communiquer une grâce, une agilité, une beauté plus grandes à cette nation d'athlètes. Il n'a pas mieux compris de quelle inappréciable utilité était pour les artistes le spectacle fréquent, sinon continuel, du corps humain, tout entier visible, agissant de mille façons, prenant mille attitudes, merveilleusement animé dans les jeux publics par la passion et l'espoir du triomphe. Cet enseignement qui venait au-devant du sculpteur grec et qui l'instruisait à son insu dès ses premières années, où donc en trouver l'équivalent dans nos pays et à notre époque ? Ottfried Müller a remarqué, dans son *Manuel d'archéologie*, que nulle part, chez les écrivains grecs, il n'est question de *modèles d'hommes*. Ce silence ne tranche pas la question ; cependant on en peut conclure que le modèle proprement dit était moins employé dans l'atelier grec que dans le nôtre, parce qu'il n'y était pas aussi nécessaire.

En fut-il de même à l'égard de la beauté féminine ? Les sculpteurs grecs qui l'ont si parfaitement traduite, étaient-ils mieux que nous en mesure de l'étudier ? Émeric David l'a nié ; Les pays où fleurissait la sculpture, a-t-il dit, étaient les moins riches en belles femmes : Phryné était de Thèbes, Glycère de Thespies, Aspasie de Milet. — Qu'importe, répondrons-nous, si dès qu'une seule beauté existait quelque part, elle devenait aussitôt célèbre, et si la nation tout entière, y compris les artistes, enflammée d'enthousiasme, recherchait, adorait, déifiait presque cette merveilleuse créature ? Qu'importe si on lui élevait des statues d'or pendant sa vie, comme à Phryné, et après sa mort un magnifique tombeau, comme à Pythionice ? Cette passion idolâtrique du beau, certainement attisée par le climat, et d'ailleurs fertile en conséquences immorales et déplorables, faisait qu'à Athènes ou à Argos un seul modèle remarquable inspirait plus de chefs-d'œuvre que n'en produirait dans tel autre pays une race pareille à celle des filles du Caucase. Que le gynécée ait été impénétrable, qu'il ait été interdit aux femmes non-seulement de figurer aux jeux olympiques, mais encore d'y assister, que le sculpteur grec ait été forcé de demander à des courtisanes les plus intimes révélations de l'art, il faut bien l'accorder ; mais il n'est pas exact que les filles et les femmes d'Athènes et des autres villes vécussent toujours cloîtrées au fond de leurs appartements. N'oublions pas que le calendrier était alors déjà très chargé de fêtes publiques et solennelles. Qu'on lise Creuzer traduit par M. Guigniaut, qu'on étudie l'*Histoire des Religions de la Grèce antique* de M. Alfred Maury, on y apprendra que les femmes et les jeunes vierges étaient admises aux processions, qu'elles y portaient tantôt des corbeilles et des attributs sacrés, comme sur la frise du Parthénon, qu'elles y exécutaient des danses, des marches expressives, des pantomimes symboliques quelquefois avec pudeur et modestie, quelquefois aussi avec de honteux emportements qu'autorisait par malheur le culte de certaines divinités. Aux fêtes éléennes de Junon ou plutôt d'Héra, seize femmes choisies pour leur vertu et respectables par leur âge précédaient le cortège. À Délos, les jeunes filles, couronnées de fleurs, représentaient dans des ballets religieux l'histoire d'Apollon et d'Artémis et les aventures de Latone. Les jeunes Athéniennes, à leur tour, imitaient en se balançant l'agitation de l'île lorsqu'elle était ballottée par les flots, et les jeunes Déliennes se mêlaient ensuite aux danseurs pour simuler, par des figures chorégraphiques, les détours sinueux du labyrinthe de Crète. À Sparte, les vierges, vêtues de la simple tunique, menaient sans pudeur des danses furibondes en l'honneur d'Artémis. Enfin, pour citer un dernier exemple plus significatif encore, à Athènes, dans certaines fêtes de Poséidon ou Neptune, le bain public était un rite sacré, et c'est à l'une de ces fêtes que Phryné, sortant de la mer, se montra pour la première fois sans voiles aux yeux de tous.[1] Ces faits, que nous avons choisis et en quelque sorte gradués à dessein, nous ont jeté loin de la théorie d'Emeric David, qui, bien que mythographe, les a ignorés ou n'a pas su en tenir compte. Ils montrent, ce semble, que l'artiste grec recueillait sur la beauté féminine d'autres leçons que celles de l'atelier. C'étaient pour lui autant d'ateliers et de musées d'une richesse inouïe et splendide que ces marches rythmées dans les rues et autour des temples, où des draperies moelleuses et libres trahissaient les mouvements aisés des canéphores, que ces danses reproduites sur les vases antiques, où les mains se cherchaient, où les bras s'entrelaçaient, que ces courses chitoniennes où la vierge Spartiate, pareille à la Diane chasseresse, et, comme la Vénus de Virgile, *nuda genu*, bondissait avec l'agilité nerveuse et l'élasticité d'un jeune faon, enfin que ces jeux neptuniens, ces bains sacrés où le vêtement de celles qui n'avaient pas l'audace de Phryné se mouillait de l'eau pesante ; et dessinait à leur retour sur la plage, sous la transparence des plis, des formes cachées à demi et par là plus idéales. Certes on peut, on doit même ne pas tout regretter de ces mœurs païennes et de ces fêtes plus fécondes en corruption qu'en vertus ; mais soutenir que le climat qui favorisait ces mœurs et provoquait ces fêtes mêlées de jeux gymniques et de concours de la beauté n'influa qu'à peine sur les progrès d'un art dont les

---

[1] Voyez à ce sujet l'étude de M. Beulé sur le Peintre Apelle dans la Revue du 15 novembre 1863.

formes physiques de l'homme sont l'unique organe, c'est n'avoir assez compris ni l'essence de la sculpture ni la nature grecque.

Après la disposition esthétique des Grecs, après le climat, qui ne créa pas, mais surexcita au plus haut point cette faculté du beau, il est difficile de ne pas placer immédiatement parmi les causes de la perfection de l'art statuaire les inspirations de la religion nationale. Cette influence ne vient qu'au second rang, parce qu'avant de vivifier là sculpture la religion mythologique fut elle-même modifiée et transformée par la poésie, c'est-à-dire par l'instinct esthétique inné et primitif de la race hellénique. Nous n'avons pas à raconter ici l'histoire de ce culte qui, selon les symbolistes les plus autorisés, présenta d'abord les caractères d'un véritable panthéisme naturaliste. Il nous suffira de dire comment l'esprit d'analyse brisa l'unité de la puissance physique, et comment le sentiment très prononcé de l'individualité et l'imagination poétique se hâtèrent d'en personnifier les énergies diverses. On distingua, bientôt, puis on adora séparément le ciel et la terre : dans le ciel, on divinisa la lumière la foudre, l'air pur, l'air humide ; dans la terre, les eaux souterraines, les eaux visibles et douces, les eaux salées de la mer ; on célébra l'union de l'air chaud et de l'air humide, les noces astronomiques du ciel et de la terre, manifestées par les orages et les pluies. Cependant la poésie, qui vit d'images et de figures, s'accommodait mal de ces conceptions abstraites et peu définies. En l'absence de toute théologie officielle, elle s'empara librement de ces idées flottantes, les arrangea à son gré et leur imposa la forme humaine. Ainsi les éléments devinrent des personnes vivantes, leurs luttes des combats, leur union de célestes hyménées ; les divinités eurent leur histoire, mêlée, comme la nôtre, de naissances, de mariages, de guerres, de passions et d'intrigues, d'épreuves douloureuses et de félicité. Cette histoire, Homère ne la composa pas seul ; mais il l'écrivit, la compléta et la fixa avec tant d'éclat et de génie que le monde grec l'accepta de ses mains. Or non-seulement chacun des dieux d'Homère est un individu et a son caractère, moral distinct, mais chacun aussi apparaît revêtu de formes physiques et de beauté plastique. Sauf quelques divinités secondaires plus tard introduites, le programme de la sculpture grecque est donc tout entier dans Homère, depuis le Jupiter et l'Athéné de Phidias jusqu'à la Vénus de Praxitèle.

Au lieu de cette religion poétique et toute pleine de personnifications singulièrement propres à stimuler le sens esthétique d'une nation artiste par nature, supposez un ensemble de conceptions vagues, un système de données panthéistiques, ou un spiritualisme rigoureux et exclusif : on aurait eu soit une sculpture de monstres gigantesques, soit une absence totale de sculpture ; mais un art grec tel que nous le connaissons jamais. Et pourtant Émeric David écarte la piété du nombre des causes qui favorisèrent les arts, parce que la piété se contente de vieilles idoles et s'y attache avec une aveugle obstination. Assurément chez les Grecs, comme chez tous les peuples, la foi primitive, qui trouvait dans sa vivacité même de quoi s'alimenter, adora dévotement de grossiers symboles, une pierre, un pilier triangulaire, une poutre polie, une lance. On entourait de soins ces bizarres simulacres : on les lavait, cirait, frottait ; on frisait la chevelure dont ils étaient affublés ; on les ornait de couronnes et de diadèmes ; on les chargeait de colliers et de boucles d'oreilles. Ces poupées, ces mannequins, dit Ottfried Muller, avaient leur garde-robe et leur toilette. Ces puérilités durèrent des siècles. Le sentiment de la forme en effet se dégage lentement des liens de la superstition. Ce n'est qu'après une longue suite d'essais et de tâtonnements que l'art, même là où il est un don de la nature, parvient à découvrir, à perfectionner et à maîtriser ses procédés. Ajoutons, nous qui sommes de l'avis de Lessing sur les limites qui séparent la poésie de la sculpture, que, si Homère fournissait aux artistes l'idée mythologique, le sujet, le motif, il restait fidèle à son génie de poète, et par conséquent n'indiquait à la sculpture ni le dessin, ni le modelé, ni la composition, rien en un mot de ce qui ne relève que de la faculté plastique. Nous ne partageons certes pas l'opinion de Spence, qui soutenait que la poésie et la peinture étaient à ce point unies chez les Grecs que jamais le poète ne cessait d'avoir le peintre sous les yeux, ni le peintre le poète. Nous ne croyons pas davantage ce qu'affirmait le comte de Caylus, à savoir qu'Homère abonde en tableaux tout faits, et que les artistes n'ont qu'à suivre et à reproduire un à un les moindres détails exprimés dans l'*Iliade*. Lessing, en maints passages de son *Laocoon*, livre excellent, mais très peu lu de nos jours, à ce qu'il paraît, Lessing à fait justice des fausses idées de Caylus et de Spence. L'épopée homérique n'en demeure pas moins une scène immense, éclairée pour l'imagination d'une lumière resplendissante, bu se meuvent dés êtres doués de caractères intellectuels et moraux profondément distincts, revêtus de formes corporelles, marqués de la plus forte empreinte individuelle, beaux et différents, vivants et idéaux. Ces types consacrés par la religion commune hantaient dès les commencements l'esprit actif et éveillé des artistes : ils s'y débrouillaient, s'y éclaircissaient ; ils s'y rapprochaient graduellement des conditions propres de la plastique, de telle sorte que, lorsque les artistes furent à peu près sûrs de leur main, lorsque l'inspiration les pressa de se mettre à l'œuvre, ils n'eurent pas, comme tant de modernes à se creuser la tête afin de découvrir quel emploi ils feraient de leur génie du de leur talent. Les sujets étaient prêts, mûris, dictés en quelque façon par la voix de la poésie religieuse. On n'eut plus qu'à les traiter, et si la routine sacerdotale, l'entêtement superstitieux opposèrent çà et là une certaine résistance, le rayonnement du beau dissipa bientôt les fausses lueurs et assura la victoire de l'art.

Le génie esthétique des Grecs anciens, le climat de leur pays, le caractère anthropomorphique et polythéiste de leur religion, telles furent donc, selon nous, selon les symbolistes et les archéologues dont nous suivons les tracés, les causes principales de la perfection de la sculpture grecque. Toutes les autres causes énumérées par Émeric David se ramènent à celles-là, ou sans celles-là eussent été impuissantes. Examinons-en un petit nombre afin d'établir ce point dont les conséquences sont plus graves qu'on ne pense. Les jeux agonistiques par exemple, si utiles aux ans, furent des institutions essentiellement religieuses. Les dieux les avaient fondés, les dieux y présidaient ; c'était en l'honneur des dieux qu'on les célébrait. L'athlète vainqueur était considéré comme le serviteur favori des dieux, et on allait parfois jusqu'à lui décerner l'apothéose. Or en ces jours consacrés la force physique était couronnée bien plus parce qu'elle était belle et digne des dieux qu'à titre d'instrument de défense et de guerre. C'est donc une erreur que de distinguer l'influence des jeux olympiques de celle de la religion dans la question qui nous occupe, et c'est une erreur aussi que de considérer ces combats comme n'ayant eu pour but que le développement des aptitudes militaires. Sans doute la Grèce, petite, divisée, constamment menacée, avait besoin de bons soldats, capables de combattre corps à corps : elle demandait à la gymnastique d'en former. À cette époque, les armes à feu étant inconnues, le courage du citoyen guerrier devait s'appuyer sur la vigueur de l'athlète. Cependant, qu'on ne s'y trompe pas, la vigueur qui suffit à la guerre n'implique pas nécessairement la beauté, et plus d'un hoplite de Marathon, plus d'un marin de Salamine n'eussent été probablement que de médiocres modèles. De tels hommes étaient utiles ; leur corps était l'œuvre de la nature perfectionnée par des exercices savants. Cependant l'art grec ne copiait pas, on en convient, le premier venu d'entre ces vaillants défenseurs du pays. C'est que, en dépit de certaines expressions de Socrate, l'art grec ne confondait la beauté ni avec la nature telle quelle, ni avec l'utilité, ni avec la vigueur.

Il faut toujours, quoi qu'on fasse, en revenir à ce sens exquis du beau qui était la faculté éminente et caractéristique des Grecs. Négligeons, après l'avoir saluée d'un sourire, cette opinion sentimentale d'Émeric David : « quel dieu donna la peinture et la sculpture à la Grèce ? Ce fut l'Amour. » Nous ne contestons pas la puissance inspiratrice de l'amour ; mais cette passion, qui est de tous les temps et de tous les pays, comment, n'aurait-elle eu qu'une seule fois cette prodigieuse fécondité esthétique ? L'auteur des *Recherches sur l'Art statuaire* n'est pas plus sincère, mais, il est plus clairvoyant, lorsqu'il attribue les progrès et la perfection de la sculpture grecque aux récompenses dont les artistes étaient comblés, à l'appui que leur prêtaient les gouvernements en les chargeant de travaux magnifiques et d'un intérêt général. Sur ces deux points, nous ferons encore cependant des réserves. Si habile et si éclairée qu'elle soit, la politique excite, dirige, couronne, emploie le génie ; elle ne le crée pas. Par la liberté, elle lui laisse son essor et ses excitations salutaires ; par les honneurs, elle l'échauffé ; par les œuvres qu'elle lui confie, elle offre à son activité un vaste champ, et à sa pauvreté des ressources trop souvent nécessaires. Elle peut même se charger jusqu'à un certain moment de l'éducation de l'artiste, et sa gloire est de dépenser beaucoup, dût-elle recueillir moins qu'elle ne sème. Peut-être vaut-il mieux aider sans résultat brillant vingt sujets médiocres que de manquer à un seul talent. Seulement la culture suppose le germe. À cette question : comment atteindre en France la perfection de la sculpture grecque ? Émeric David répond : « C'est au législateur à opérer ce prodige. » Oui, dirons-nous, mais à une condition : c'est que le législateur aura trouvé en France le génie plastique, le climat, les mœurs et l'anthropomorphisme religieux de la Grèce. Or cette condition ! existe-t-elle ? Qui l'oserait soutenir ? Bien plus, qui l'oserait regretter ? Mais en l'absence de ces éléments la solution qu'on nous offre n'équivaut-elle pas à une illusion ? N'en décidons pas encore, et passons à l'examen des causes techniques et philosophiques de l'habileté des sculpteurs grecs.

Section II

Au début de la seconde partie de son ouvrage, Émeric David rappelle qu'il n'y avait pas en Grèce d'école publique et gratuite des beaux-arts, et que chaque élève payait son maître ; puis il s'écrie que ces hommes judicieux avaient pour maxime que les leçons qu'on achète valent mieux que celles que l'on reçoit gratis de l'état. Le passage du *Protagoras* de Platon cité à l'appui ne démontre pas du tout que ce fût là une maxime de ces hommes judicieux ; c'était simplement une habitude. Sous cet heureux climat, où encore aujourd'hui on peut vivre d'un peu de pain et de quelques olives, où l'on couche en hiver sur une planche, et en été sur le trottoir, devant sa porte, où les anciens, plus robustes que leurs descendants actuels, allaient nu-pieds quand ils étaient pauvres, la vie était facile, et, la bonne nature faisant pour tout le monde ce qu'elle ne fait pour personne chez nous, les artistes arrivaient sans trop d'efforts à payer leur apprentissage. On ne dit pas au reste si ces leçons étaient à très haut prix, et il est permis d'en douter. Plus d'un maître généreux dut admettre gratuitement dans son atelier tel enfant de belle espérance qui n'avait pas un sou vaillant. Il n'y a pas grand'chose à conclure de cette absence d'écoles publiques. Encore une fois, les écoles publiques ne créent pas le talent ; mais il serait par trop étrange de poser en principe que nécessairement elles le fourvoient ou l'abâtardissent.

Le jeune sculpteur grec allait donc s'instruire, Platon nous l'apprend, chez Phidias et chez Polyclète, et payait leurs leçons ; mais qu'apprenait-il dans leur atelier ? Là dessus les écrivains nous ont laissé peu de détails, et l'appétit archéologique, si aiguisé de nos jours, en est réduit à se repaître de conjectures. Un point très débattu est celui de savoir si les artistes grecs étudiaient l'anatomie. Émeric David n'en doute pas ; la seule beauté des statues antiques lui suffit pour trancher la question. Les textes cependant auraient ici leur importance, et ceux qu'on a réunis ne paraissent pas décisifs. Karl Sprengel[1] ne croit pas que les premiers essais de dissection remontent plus haut que l'époque d'Aristote. Selon d'autres, Galien lui-même n'aurait disséqué que des singes et des chiens, et aurait conclu par analogie de la structure de ces animaux à celle de l'homme. Hippocrate, d'après Pausanias, avait déposé un squelette d'airains dans le temple de Delphes ; mais rien ne prouve que le modèle de cette étrange statue ait été la charpente osseuse d'un homme disséqué. D'ailleurs nous savons positivement que chez les Grecs la piété envers les morts, étrangers ou non, amis ou ennemis, était extrême, qu'on flétrissait celui qui, par haine ou ressentiment, déniait la sépulture à son ennemi qui n'était plus, qu'à Athènes une loi ordonnait d'ensevelir tout cadavre que l'on rencontrait sur son chemin, qu'enfin il n'y avait que l'être le plus dégradé et le plus infâme qui osât enfreindre ce devoir. Eh bien ! supposons néanmoins que les Grecs aient été moins ombrageux que les contemporains d'André Vésale, et qu'ils aient fermé les yeux sur les opérations anatomiques d'Hippocrate, il restera encore à établir qu'Agéladas, Phidias, Polyclète, Scopas et leurs élèves jouirent de la même tolérance. On s'appuiera alors sur la profonde science que semble déceler, par exemple, le Thésée ou Hercule Idéen du Parthénon ; mais souvenons-nous que les écrivains me parlent même pas de modèles d'hommes, encore moins de ce modèle spécial et si utile qu'on nomme dans les écoles l'écorché ; souvenons-nous des leçons mille fois variées d'anatomie vivante et en mouvement qu'offraient le gymnase, les jeux, les bains, et nous admettrons, avec Ottfried Millier, que le sculpteur grec, connaissant admirablement le dessus, ait pu se dispenser d'étudier le dessous par la dissection, tandis qu'au contraire l'artiste moderne est obligé de compléter par l'analyse du dessous sa science du dessus, toujours plus imparfaite et plus bornée que celle des Grecs.

L'étude attentive du corps vivant commença de bonne heure

---
1 Dans son *Histoire de la Médecine*, 1821.

et fut poussée très loin. Les sculpteurs grecs y furent d'abord astreints à l'égard des statues iconiques d'athlètes vainqueurs, qu'ils étaient tenus de représenter avec une rigoureuse exactitude quant à la ressemblance et quant aux proportions. Toute statue plus grande que le modèle était renversée sur l'ordre des juges suprêmes des jeux, appelés *hellanodices*. Il est avéré que ces premières statues étaient médiocrement ressemblantes et belles ; mais les procédés de mesurage appliqués au corps humain furent sans doute dès lors adoptés. Telle fut peut-être l'origine des *canons* ou statues servant de guide et de type régulateur dans la pratique. Les *canons* ne sont dangereux que pour ceux qui en abusent. Avant de les maudire comme un fléau ou de les respecter comme une loi inviolable, il convient d'apprendre quel usage en faisaient les sculpteurs grecs. Ces exemplaires présentaient la figure humaine avec sa régularité abstraite et ses proportions les plus constantes, fixées d'après un calcul de moyennes. Lucien le donne à entendre par son portrait du parfait danseur. « Pour le corps, dit-il, je dois me le représenter conforme au modèle de Polyclète, c'est-à-dire d'une taille qui ne soit ni trop grande et vraiment gigantesque, ni pourtant trop petite et se rapprochant de celle d'un nain ; je le veux d'une proportion exacte et juste, point trop gras, ce qui nuit à l'illusion, ni trop maigre, ce qui tourne au squelette et presque au cadavre. » On le voit, le canon était une manière de juste-milieu, ou, si l'on veut, une sorte d'*académie* correcte où l'expérience et la raison d'un maître traçaient les limites en-deçà et au-delà desquelles l'artiste ne devait pas s'égarer ; mais ce ne fut jamais ni une chaîne, ni même une barrière. Le génie grec était trop libre pour subir un joug quelconque, surtout un joug dont le poids l'eût écrasé. L'inspiration, le goût, les conseils de la nature, la diversité des caractères à exprimer, firent varier les canons. Celui de Lysippe n'était déjà plus le même que celui de Polyclète. Ni l'un ni l'autre n'empêchèrent les artistes de donner à l'enfance, à l'adolescence, à la jeunesse, à l'âge mûr, aux dieux, aux déesses, aux athlètes et aux hermaphrodites les formes et les proportions exigées par l'âge ou par le caractère. Si l'art grec avait été l'esclave des canons, comme l'ignorance se l'est parfois imaginé, après une première génération d'artistes éminents, on se serait contenté de reproduire leurs œuvres par la copie ou le moulage, et il y aurait eu un art byzantin dix siècles plus tôt. Au lieu de cette monotonie et de cette froideur, que de variété, que de vie diversifiée même dans les représentations d'une divinité unique ! Comptez combien de Jupiter, combien de Vénus qui se ressemblent et diffèrent à la fois ! Mais si l'art grec eût méprisé les canons, c'est-à-dire les règles de la proportion et le frein de la mesure, ses œuvres n'auraient pas cet aspect de beauté permanente et sans date où l'humanité reconnaît et admire l'image de sa perfection physique.

Emeric David a donc raison de ne pas réprouver les canons et de penser que la sculpture grecque dut à ces modèles classiques une partie de sa perfection. Les pages où il a traité ce point délicat sont les meilleures de son ouvrage ; mais en même temps qu'il loue les Grecs d'avoir su consulter ces types abstraits et convenus, il dit ou plutôt il répète à satiété que l'art-grec, du premier jour de sa vigueur a la première heure de sa décadence, eut pour règle invariable l'imitation exacte, la reproduction fidèle de la nature. Comment concilie-t-il ces deux propositions, dont l'une est la joie et l'autre l'horreur du réalisme ? Pendant qu'il se flatte de les concilier, il ne cesse de sacrifier la doctrine esthétique de l'imitation pure à une doctrine plus élevée et plus vraie. Il annonce que les Grecs ne s'inspirèrent jamais en sculpture que de la seule vue de la nature, et les raisons qu'il accumule démontrent que ces artistes ne se sont jamais contentés du seul témoignage de leurs yeux. C'est ici le moment de mettre en pleine évidence cette contradiction d'Émeric David, laquelle se retrouve au fond de la plupart des théories de nos prétendus réalistes.

Il est une vérité aujourd'hui définitivement acquise à l'histoire de l'art : c'est que les artistes grecs, ayant eu dès le principe à représenter des dieux, et dans la personne plastique de ces dieux des facultés surhumaines, furent conduits à ennoblir le corps de l'homme et à en rechercher le type le plus parfait, afin que le signe expressif fût autant que possible digne du caractère exprimé. À cet égard laissons de côté l'avis des philosophes, que tant d'esprits sont enclins à suspecter. Pour le moment, contentons-nous d'écouter Goethe dans une de ses *conversations avec Eckmnann*,[1] Goethe, aujourd'hui consulté et accepté comme un oracle sur les questions

---

1 Traduites par M. Emile Délerot, avec une introduction de M. Sainte-Beuve, t. II, p. 54.

d'esthétique. « Celui qui veut faire quelque chose de grand, dit-il, doit avoir amené son développement intérieur à un point tel que, comme les Grecs, il soit en état d'élever la réalité étroite de la nature à la hauteur de son esprit, afin d'être capable de faire une réalité de ce qui, dans la nature, par suite d'une faiblesse intime ou de quelque obstacle extérieur, est resté à l'état d'intention. » Telle avait été l'opinion de Winckelmann, de Mengs et de Lessing ; telle a été depuis celle de M. Vitet, de Gustave Planche, de M. Beulé (pour continuer à omettre les philosophes de profession). Émeric David n'aurait pu, sans nier l'évidence, soutenir que les sculpteurs grecs avaient infligé à leurs dieux les corps, servilement copiés, des hommes et des femmes, même les plus beaux de leur époque. Il confesse donc, sans calculer la portée de cet aveu naïf, que les dieux n'auraient pas été des dieux pour les Grecs, si leurs corps n'eussent offert « des modèles accomplis de force, de souplesse, de grandeur, de majesté et de beauté ; » mais il ajoute aussitôt que ces sculpteurs ne cherchèrent jamais leurs modèles hors de la nature et qu'en toute occasion ils ne s'appliquèrent qu'à choisir, « Jeunes artistes, s'écrie-t-il dans son langage ardent et enthousiaste, jeunes artistes, choisissez les formes les plus parfaites ; la science et le goût peuvent faire d'un modèle ordinaire un modèle accompli, montrez aux siècles à venir l'homme de la nature, l'homme de l'éternité. » Choisir, soit, il le faut bien, et les plus furieux réalistes choisissent à leur insu ou le sachant ; mais le mot et la chose sont gros de conséquences dont s'accommode mal la théorie de la pure imitation. Choisir parmi les formes de la nature, prendre celle-ci, rejeter celle-là, c'est se constituer juge de la nature, s'est se placer au-dessus d'elle, et si les Grecs ont choisi, s'ils ont jugé la nature, c'est qu'ils l'ont dominée et ont appelé au secours de leur génie d'autres facultés que celle de voir.

L'auteur des *Recherches, sur l'Art statuaire* n'aperçoit pas cette conséquence de son idéalisme inconscient. À l'appui de sa théorie du beau visible et contre la doctrine du beau idéal conçu ou tout au moins reconnu par la raison, il invoque l'autorité assurément la plus inattendue, celle de Platon lui-même. Il se permet, à l'endroit du texte de *la République* et des autres dialogues du disciple de Socrate, toute sorte de libertés philologiques, non cependant qu'il attribue à Platon la fameuse formule : *le beau est la splendeur du vrai*, il était réservé à d'autres de prêter gratuitement à Platon cette phrase qu'il n'a jamais écrite, qui n'est même pas dans l'esprit de son système, et que tant de gens se repassent de main en main, sans s'inquiéter d'en vérifier l'origine. Ce n'est pas par voie d'addition, c'est par voie d'interprétation qu'Émeric David altère l'esthétique platonicienne. Le commentaire qu'il en donne repose sur un contre-sens énorme. « Dans le système de Platon, écrit-il, les formes devenues propres aux divers corps avaient existé avant le monde, visible. Toutes les *idées*, c'est-à-dire les modèles éternels de toutes les choses, étaient dans l'intelligence divine avant la création… Platon se servit le premier du mot *idea*, idée ; il le forma de *eidô.*, je vois… Si les Grecs par conséquent eussent associé le mot *idéal* au mot *beau*, ce mot d'*idéal* venant d'*eidô*, je vois, le nom de *beau idéal*, conforme aux opinions des Grecs sur l'imitation de la nature, aurait signifié le beau que l'on voyait ou qu'on aurait pu voir le *beau visible*. » Il est impossible de prendre avec une plus tranquille assurance le contre-pied de la vérité, Nous n'avons pas à exposer ici la théorie des idées de Platon : on la trouvera élucidée de main de maître par M. Cousin en plusieurs endroits de ses ouvrages. L'excellent livre de M. Paul Janet sur la dialectique de Platon et celle de Hegel en contient aussi une discussion à peu près définitive. Bornons-nous à reproduire quelques lignes de Quatremère de Quincy, l'auteur illustre du *Jupiter Olympien*, un véritable artiste philosophe celui-là, qui consacra un ouvrage spécial à réfuter l'erreur incroyable d'Émeric David. « En vain, dit l'auteur de *l'Essai sur l'idéal dans les arts du dessin*, en vain argumenterait-on encore de l'étymologie grecque du verbe *eidô*. Ne sait-on pas que les Grecs avaient plusieurs mots affectés à exprimer l'action plus ou moins matérielle de la vue ? Or les verbes *oraô* et *optomai* étaient ceux qu'ils appliquaient particulièrement à l'action de cette vue qui discerne les objets corporels et extérieurs. Les lexiques en font foi, et ils nous apprennent en outre que le verbe *eidô* signifiait plus expressément ce qu'on appelait voir par les yeux de l'esprit, et on le disait de l'intuition intérieure et métaphysique. » C'est précisément cette intuition intérieure, excitée par les yeux, mais distincte de la vue, qu'Émeric David a niée pour n'avoir su la démêler ni dans la théorie platonicienne, ni dans le génie idéaliste des artistes grecs, ni dans son propre entendement.

Il était cependant doué de cette exquise faculté, comme tant d'autres qui s'en servent chaque jour, sauf à s'en moquer dès que les philosophes la nomment. Son ouvrage en est à la fois la négation et l'affirmation éclatante. Si cette faculté n'est rien et n'existe pas, où donc Émeric David a-t-il appris que « la beauté du corps de l'homme consiste dans sa parfaite ressemblance avec l'exemplaire original que la nature s'est donné pour modèle, et qu'elle représente dans ses productions, toutes les fois que ses moyens agissent avec une entière liberté ? » De deux choses l'une : ou un tel exemplaire est dans la nature, et alors je dois posséder, pour en parler, le pouvoir de le discerner au sein de tant d'imperfections qui l'entourent ; ou bien cet exemplaire ne se rencontre nulle part dans la réalité, auquel cas ceux qui le définissent si exactement ne peuvent l'avoir aperçu qu'au plus profond de leur pensée. Dans l'un et dans l'autre cas, on en revient à l'idéalisme ; Pourquoi donc alors travestir Platon et l'abaisser à la mesure d'un disciple de Condillac ? Pourquoi vanter avec emphase ces Grecs « plus simples que nous, » qui mettaient, dit-on, la vérité avant l'idéal, puisqu'on devait finir par proposer aux jeunes artistes six règles ; dont trois au moins signifient : qu'il faut agrandir, et rectifier la nature, c'est-à-dire imposer l'idéal à la réalité ? Ces inconséquences commises de bonne foi trahissent un esprit en qui la sagacité de l'historien et la profondeur du philosophe n'égalaient pas la sensibilité de l'artiste. Mieux instruit des faits et des doctrines, du rapport des doctrines avec les faits, Émeric David aurait compris que le souci constant de l'idéal exerça sur le développement de la plastique grecque une influence décisive. A-t-il mieux expliqué le passé plus récent de la sculpture ? a-t-il plus clairement entrevu les conditions de son progrès à venir ? Faut-il maintenir sans restriction sa réponse à la question qui lui était posée ? C'est ce qu'il faut examiner maintenant.

Section III

« Je crois que rien n'arrive deux fois de la même manière. Les causes antiques ou modernes qui ont fait fleurir les arts ne peuvent plus reparaître. Il s'en développera d'autres. » Voilà ce qu'écrivait le sage Quatremère de Quincy en 1790, peu de temps avant l'ouverture du concours où fut couronné l'ouvrage d'Émeric David. Ces lignes, le lauréat aurait dû les prendre pour épigraphe. Elles expriment une loi de l'histoire que l'art et la critique ont souvent méconnue, mais jamais impunément. Oui, à toutes les époques heureuses et florissantes, chaque art devient fécond par l'emploi des mêmes procédés techniques et pratiques, par les mêmes encouragements et les mêmes honneurs que lui prodiguent à l'envi le goût public et les gouvernements, par le même penchant à exprimer ce que l'âme humaine éprouve de plus noble et de plus élevé. Là est l'explication des ressemblances que ce même art présente en des temps d'ailleurs différents ; mais aussi, chaque fois qu'il revient à la vie, il mêle à ces frappantes analogies des différences plus frappantes encore. Michel-Ange n'est plus Phidias ; Jean Goujon n'est plus ni Phidias ni Michel-Ange ; Puget est autre que ses prédécesseurs. Pourquoi ces caractères si profondément distincts des génies et des œuvres ? C'est, pour répéter le mot de Quatremère de Quincy, que rien n'arrive deux fois de la même manière, et que certaines causes meurent en quelque sorte, emportant avec elles le germe de leurs effets. Le retour des causes indestructibles et générales rend compte des similitudes dans le passé, et si ce retour est encore possible, il est permis d'attendre de l'avenir une perfection rivale de celle de l'antique ; mais les causes nationales, locales, essentiellement particulières, donnent à leur tour le secret des dissemblances, et si ces causes ont à jamais disparu, cette disparition fournit la raison des variations successives de l'art, et interdit à l'esprit, même le plus généreux et le moins pessimiste, des espérances chimériques.

Quelques exemples empruntés à l'histoire, de la sculpture moderne montreront qu'il est impossible d'en expliquer clairement les vicissitudes, si l'on néglige les causes essentielles, évanouies désormais, de la perfection de cet art chez les Grecs. Si, comme Émeric David, on pose en principe que « la religion des Grecs n'excita pas les artistes à donner aux dieux une beauté surnaturelle, » si l'on est convaincu que les mêmes causes firent fleurir les arts en Grèce dans l'antiquité, et à Florence sous les Médicis, on aura ramené les ressemblances à leur source apparente ou réelle ; mais tout aussitôt apparaîtront les différences. Vasari nous apprend que Laurent le Magnifique remarquait que de son temps il y avait à Florence moins d'habiles statuaires que de peintres. « Cela devait être, répondra-t-on, puisque ces artistes avaient moins d'emploi.

Les Florentins, étant craintifs, soupçonneux, n'élevant pas de statues aux grands hommes, se montrèrent avares de récompenses et d'honneurs, et refusèrent aux statuaires cette abondance de travaux qui excitait l'émulation parmi les Grecs. » Qu'on admette ce raisonnement comme exact, il reste encore à demander si la même jalousie ombrageuse et la même parcimonie à l'égard des artistes auraient pu produire en Grèce la même rareté de sculpteurs. Or qui ne voit tout de suite que la religion grecque, avec son dogme plastique de la beauté corporelle des dieux, avec son amour des idoles, aurait, toutes choses égales d'ailleurs, suscité des légions de sculpteurs, enfanté des myriades de statues, et anéanti tous les sentiments hostiles qui, par impossible, auraient tenté de s'opposer à son irrésistible ascendant ? Il faut bien accorder encore que Michel-Ange, le plus savant des statuaires modernes et le plus habile des dessinateurs, n'a pas égalé les sculpteurs grecs. Nous ne combattrons point cette opinion, qui est la nôtre. Il est certain que ce vigoureux génie, qui créait des géants à l'aspect imposant, à la tournure saisissante et fière, n'a pas réussi à leur donner cette heureuse justesse de formes, cette fleur de vie naturelle et facile que le ciseau des Grecs semble avoir trouvées sans les chercher. D'autres regrettent avec raison que certaines de ses statues, bien qu'elles attestent un art puissant, par exemple *le Jour* et *la Nuit*, soient dépourvues de cet intérêt que provoquent une signification et une expression déterminées ; mais ces défauts, il n'y a pas moyen de les imputer à l'avarice du public ou à l'indifférence de l'état. Selon plusieurs critiques, c'est l'abus de l'anatomie qui a égaré les sculpteurs florentins ; on ne sent pas dans leurs statues cette vérité qui saisit, et l'art, dominé par la science, n'a pas recouvert d'un voile assez discret les muscles trop comptés de ces corps de marbre. Soit ; mais cette explication a elle-même besoin d*être expliquée, et elle l'est, selon nous, par ceci : que l'anatomie, outre qu'elle développe un penchant immodéré à trop indiquer les dessous, est impuissante à montrer cette fleur de vie physique que le costume cachait aux Florentins, tandis que les sculpteurs grecs n'avaient qu'à ouvrir les yeux pour la recueillir au gymnase, aux jeux olympiques, partout. Quant à l'insuffisante signification des figures allégoriques, c'est là un vice d'origine que toutes les ressources du génie atténuent parfois sans jamais le détruire. Ne comparons point les statues allégoriques des modernes aux dieux des Grecs. Ceux-ci n'étaient pas des abstractions : ils avaient vécu d'une vie réelle, on croyait à leur existence ou l'on y avait cru ; on les aimait, on les priait, on les craignait ; pour l'artiste et pour le public, ils étaient quelqu'un, bien plus, quelqu'un de divin et de parfait que tout le monde connaissait et qui intéressait tout le monde. Leur passage a laissé de si profondes traces, leur histoire est tellement répandue que nous-mêmes, désabusés et indévots, nous savons les distinguer les uns des autres et les saluer de leur nom. Ils étaient accompagnés assez souvent, même dans les représentations de l'art, de personnages allégoriques d'un caractère moins marqué. Cependant ces êtres de nature abstraite leur étaient intimement associés et participaient ainsi à leur réalité mythologique ; mais qu'ont à nous dire, je vous prie, des images qui s'appellent le Jour ou la Nuit, le Commerce ou l'Industrie, la Législation ou la Force ? L'artiste qui n'est pas libre de choisir son sujet est vraiment fort à plaindre quand il faut qu'il souffle la vie à de tels simulacres. Pour nous les rendre attrayants et nous y attacher, une beauté pareille à celle de l'antique ne serait pas de trop. Or, si Michel-Ange lui-même n'a pu ravir aux maîtres grecs la flamme dont ils animaient leurs marbres, si le corps humain ne lui fût pas assez révélé, qui donc parmi les modernes nés ou à naître possédera jamais tout entier le langage de la plastique ? qui donc le parlera avec toute sa pureté et sa calme, mais pénétrante éloquence ?

Nous sommes jaloux autant que personne de la gloire de notre pays. Ce n'est certes pas nous qui essaierons d'enlever leur couronne à nos artistes des siècles de François Ier et de Louis XIV. Les nobles pages de M. Victor Cousin sur la grandeur de l'art français sont présentes à notre mémoire, et nous y souscrivons ; mais l'illustre auteur du livre sur *le Vrai, le Beau et le Bien* ne souscrirait assurément pas sans une foule de restrictions et de réserves à un jugement tel que celui-ci : « ce sont évidemment les faveurs de nos rois qui ont été les causes des progrès de nos statuaires. Ce sont évidemment les erreurs du gouvernement et les circonstances où se sont trouvés nos artistes qui ont été, si on nous compare aux Grecs, la cause particulière de notre infériorité. » Quiconque tient ce langage substitue encore une fois la cause extérieure et concourante à la cause intime et féconde. Le génie français a des qualités propres qui ont pu être secondées, mais que les gouvernements ne pouvaient créer ni détruire. La Fontaine imite Ésope, Phèdre et le moyen âge : il les fait oublier, et reste le fabuliste par excellence. Molière imite Plaute dans *Amphitryon*, et dans l'*Avare* Plaute est vaincu. Corneille et Racine ont des beautés qu'on chercherait, en vain dans la tragédie antique. Pascal a des tristesses d'une éloquence navrante et sublime, des images terribles, de sombres éclairs de scepticisme, je ne. sais quelle poésie enfin que l'antiquité grecque ne soupçonna point. Chrétiens et très Français, Lesueur et Poussin enfantent des œuvres originales. Les choses changent dès qu'on regarde du côté de la sculpture. Prenez nos meilleurs, nos plus habiles, nos plus vaillants statuaires : ont-ils surpassé les maîtres grecs ? . Ont-ils renouvelé la sculpture antique ? Y ont-ils ajouté ? L'ont-ils rajeunie en l'imitant ? Ils ne l'ont pas fait, et ils n'ont pu le faire. Dans la représentation des dieux, des athlètes, des nymphes, dans le bas-relief, dans le portrait en pied ou en buste, dans les travaux décoratifs des tombeaux et des palais, leurs facultés éminentes ou exquises n'ont servi qu'à démontrer l'irrémédiable infériorité native de la plastique moderne. L'âme de la sculpture grecque, le foyer où elle puisait sa flamme, c'était son admiration pour des divinités revêtues de beautés visibles. Or ces dieux ont vécu.

Ainsi ce que n'avaient pu ni la renaissance, ni le siècle de Louis XIV, un écrivain relativement instruit et personnifiant des opinions qui lui survivent persistait à l'attendre de l'avenir et surtout de l'intervention de l'état, sans vouloir tenir compte de la différence des mœurs, des croyances et des génies. Telle est encore aujourd'hui l'erreur de ceux qui s'obstinent à trop attendre de l'action de l'autorité politique. Ils ferment volontairement les yeux à la lumière. Aucune difficulté ne les décourage ; ils ont réponse à tout. Le goût public varie, il s'égare, il se refroidit, il se forme très difficilement. C'est la faute du gouvernement, répondent-ils ; que le législateur y pourvoie, qu'il éclaire le goût général. Et le goût du législateur lui-même, répondrons-nous, qui le formera, qui l'éclairera, si l'art dont il s'agit n'est pas un fruit naturel du pays lui-même ? Comment sortirons-nous de ce cercle où l'on nous fait tourner ? Il n'est pas jusqu'aux excellents conseils qu'Émeric David adresse aux artistes, sous la dictée de son ami le sculpteur

Giraud, qui ne décèlent la fausseté d'un pareil système, qui ne condamnent ce qu'il y a d'exagéré dans de telles espérances. À l'étude de l'anatomie, à celle du modèle vivant, il demande qu'on ajoute celle de l'antique.. « Que l'antique serve de médiateur entre la nature disséquée et la nature vivante. L'antique est une admirable traduction à l'aide de laquelle on parvient à reconnaître les beautés de l'original. » Rien de mieux ; mais cette impuissance où nous sommes d'arriver jusqu'à l'original avec l'original tout seul, sans le secours de l'antique traduction et du commentaire anatomique, ne nous avertit-elle pas que nous resterons les disciples et que les Grecs resteront les maîtres ? On nous conseille d'étudier les poses grecques, afin d'éviter la manière et d'obtenir des effets et des mouvements naturels Soit encore. Toutefois il y a en cela quelque danger et quelque embarras : le danger, c'est de tomber dans l'imitation de l'antique, si l'on s'en tient aux poses qu'il nous a transmises, et de n'être qu'un copiste ; l'embarras, c'est que si nous cherchons d'autres poses, le traducteur grec sera muet, et l'original moderne, c'est-à-dire le modèle, nous offrira bien malaisément, lui, pauvre mercenaire de notre âge de fer, ces poses libres et faciles que l'artiste grec apprenait de ses concitoyens, athlètes comme lui et comme lui nus dans l'arène, demi-nus sur les chemins. On nous prescrit de rejeter « l'entrave d'un costume éphémère, » de n'être les copistes « ni du tailleur, ni du bottier ; » on va jusque affirmer que, pour les draperies, les modèles ne nous manquent pas plus qu'au sculpteur des Parques du Parthénon ou à celui des Muses. Quelle étrange méprise ! La draperie était une partie du costume grec : les Grecs la portaient naturellement ; ils la jetaient sur l'épaule, la ramenaient sur la tête, ou la laissaient tomber sur les hanches, selon le moment. D'instinct ils la plaçaient avec grâce ou s'en enveloppaient avec majesté. Nous n'avons et nos modèles n'ont pas plus que nous cette habitude et cet instinct. On compte les acteurs qui ont su porter la draperie grecque, et la chose est si peu commune qu'on la vantait en Mlle Rachel comme une partie de son talent de tragédienne et d'artiste. Nous avons vu tel artiste distingué se donner sans succès une peine infinie pour draper naturellement un modèle aussi intelligent à coup sûr que certains cavaliers de la frise des Panathénées. L'art qui s'est fatigué à chercher la nature ne peut lutter sans désavantage avec l'art que la nature venait chercher. Enfin, pour ne plus citer qu'une dernière recommandation, on engage judicieusement le sculpteur à exprimer l'âme, et les mœurs de l'âme plutôt que les passions, et les mœurs pures plutôt que les mauvais sentiments. On l'exhorte à éviter les situations violentes et les crises convulsives où la beauté s'évanouit. On demande, en d'autres termes, une sculpture spiritualiste : le vœu est noble et digne d'être entendu. Socrate et Platon parlaient le même langage. Ils furent compris, ou plutôt les artistes grecs avaient devancé à cet égard les enseignements des philosophes. Les amateurs qui s'obstinent à prétendre que les statues grecques manquent d'expression ou n'expriment que l'heureuse plénitude de la vie physique ne font qu'attester combien notre œil, à nous modernes, est peu préparé à saisir les multiples significations de l'art plastique. L'organe complet et particulier de la sculpture, ce n'est pas seulement le visage, ni même la physionomie aidée du geste : c'est le corps humain tout entier visible, nu par conséquent, ou vêtu de draperies qui trahissent bien plus qu'elles ne voilent ses moindres inflexions, Les sculpteurs grecs, qui le savaient, se gardaient de concentrer l'expression sur la figure : ils répandaient l'âme dans tout le corps, lequel devenait ainsi, qu'on nous passe le mot, visage et physionomie dans toute son étendue. Voilà comment, sans tourmenter ni forcer l'expression des têtes et en laissant aux traits leur beauté, ils modelaient des personnages si vivants et si parlants. Voilà comment aussi, même lorsque la tête manque, l'intention générale est facile à déduire des membres que le temps a épargnés. Prenez par exemple la statue appelée *l'Enfant à l'Oie*, et faites abstraction de la partie supérieure du groupe, qui est moderne ; est-ce que les jambes et les cuisses de cet adorable bambin, réunies au corps de l'animal, ne disent pas avec une précision inouïe quelle est la lutte engagée et lequel des deux sera vainqueur ? La *Polymnie* du Louvre, dont on n'avait non plus que la partie inférieure, l'*Ilyssus* du Parthénon, le *Torse* du Belvédère, fourniraient matière à de pareilles observations, et nul ne peut espérer que les modernes, auxquels est si rarement donné le spectacle complet de la personne physique de l'homme, atteindront jamais à cette perfection de la sculpture antique, envisagée comme l'expression de l'âme par le corps tout entier, nu et idéalement beau. Les causes religieuses, locales, physiques, qui avaient produit cette perfection, ont à jamais disparu. Ni la magnificence des gouvernements, ni la sagesse des législateurs, ni aucune puissance humaine ne ramènera ces énergies innées et fécondes : il faut en prendre son parti. Mieux vaut une vérité un peu triste qu'une illusion souriante, mais dangereuse. Est-ce à dire cependant qu'il faille renoncer à la statuaire, et que nos artistes n'aient plus qu'à briser leurs ébauchoirs, à jeter là le ciseau et le maillet, à déserter leurs ateliers ? Est-ce donc aussi que la sculpture ne serait plus désormais qu'une sorte d'art scolastique destiné à donner l'intelligence de l'antique, comme les vers latins apprennent aux lycéens à mieux comprendre la poésie de Virgile et d'Ovide ? Rien de tout cela.

Nous sommes modernes et non point anciens ; nous sommes Français et non point Grecs ou Romains. Acceptons tels qu'ils sont notre nature et notre génie ; cherchons jusqu'à quel point et à quelles conditions la sculpture est susceptible de prendre chez nous un caractère nouveau, c'est-à-dire français et national. Ce qui semble acquis d'abord, c'est que la sculpture religieuse n'a pas devant elle un grand avenir. C'est lorsqu'elle a reproduit la figure de nos grands hommes ou certains épisodes de nos fastes militaires et politiques que la statuaire a rencontré surtout l'inspiration vraie, l'accent sincère, la forme expressive, et qu'elle a remué le sentiment public. Pour nous émouvoir, l'artiste doit être ému ; pour nous intéresser à son œuvre, il doit s'y être lui-même intéressé : or les gloires de notre pays, ses hommes célèbres et utiles ont infiniment plus de chances d'émouvoir l'artiste et nous-mêmes que la rencontre de Diogène et d'Alexandre, et tel autre sujet grec ou mythologique. La représentation sculpturale de nos plus illustres concitoyens en médaillon, en buste, en pied, placée dans nos salons privés ou publics, sur nos places, sur leurs tombeaux, à l'entour ou dans l'enceinte même des monuments et des palais, n'est-ce pas là l'un des principaux et des plus dignes objets de la statuaire actuelle ? Et en suivant cette voie, l'art rencontrera-t-il fatalement l'écueil du réalisme ? Non, certes, s'il comprend sa tâche et son devoir. Or le devoir et la tâche de cet art historique seront d'exprimer dans les traits et l'attitude de chaque personnage ses facultés éminentes, son génie ou son talent, son caractère intellectuel ou moral, bref ce qui l'a fait populaire et illustre, et cela c'est proprement le côté idéal de l'individu. En outre cet homme portait le costume de son pays et de son temps ; il a honoré ou même ennobli ce costume ; l'artiste à son tour ennoblira cet habit ou ce manteau, cette simarre de magistrat ou cette robe de prêtre ; il assouplira l'étoffe, élargira les plis et fera sentir partout la vie cachée. David d'Angers a excellé dans ce genre : il y est devenu, on peut le dire, le sculpteur national de la France.

Ce n'est pas tout : David a employé plus d'une fois avec succès, d'autres ont employé heureusement comme lui cette même allégorie vêtue à la grecque, laquelle, tout à l'heure, a été sévèrement jugée et presque congédiée. Voici ce qu'on peut en conclure. Il est des idées, des abstractions diverses dont on ne saurait interdire l'expression à la statuaire sans l'appauvrir à l'excès. D'autre part, ces idées, par cela même qu'elles sont abstraites et générales, réclament une forme générale comme elles, car il est trop évident qu'une forme individuelle quelconque leur imprimerait un caractère individuel qu'elles excluent ; mais la forme la plus générale que puisse employer la sculpture, c'est le corps humain nu, ou tout au plus revêtu d'une draperie qui le dessine et l'indique. On a donc adopté, pour représenter les personnifications abstraites, le corps nu ou drapé, non parce que la nudité et la draperie sont grecques, mais parce qu'elles sont d'une signification plastique absolument générale. Ce mode d'expression est donc inévitable, et tel qui en médit sera bien forcé de s'en servir un jour. Seulement l'homme de métier qui ne vit que de ruses et le véritable artiste s'en servent très différemment. Le premier s'en tire avec de la mémoire et de l'adresse, et produit une statue correcte et nulle que personne ne regardera. L'artiste au contraire donne à ces types généraux un air de vie ; une âme, un sentiment ; il les met en scène ; il les rattache à d'autres figures, dont ils sont le centre et le lien. Comme David d'Angers au fronton du Panthéon, il anime de pures idées, il nous émeut à l'aspect de la France, de la Liberté, de l'Histoire. Ces femmes, qui ne sont pas, il est vrai, aussi, plastiquement vivantes que les marbres du Parthénon, sont belles cependant. Il s'est trouvé, il se trouve encore des juges pour les apprécier, des amateurs pour en discerner et en goûter les mérites. Il est donc bon, il est désirable que l'art contemporain en sculpte de pareilles ; il est bon de même qu'il multiplie parmi nous des œuvres pures, fortes ou charmantes, qui entretiennent le sentiment de la calme beauté, puisque c'est pour plusieurs un plaisir délicat de rencontrer au détour d'une allée un bronze animé de Barye, dans une bibliothèque publique un marbre expressif de Simart, dans un musée quelque figure de jeune femme où Pradier ait mis la beauté du corps sans trop oublier l'âme.

Mais un dernier doute s'élève. Combien parmi nous goûtent de tels plaisirs ? combien, même entre les plus éclairés, se montrent empressés autour des œuvres de la sculpture antique ou moderne ? En vain nous repoussons loin de nous cette importune et mélancolique pensée ; elle revient toujours à notre esprit parce que toujours les faits la ramènent. Depuis qu'Émeric David a écrit son livre, ni les secours, ni les leçons, ni les travaux, ni les récompenses, n'ont manqué à la sculpture contemporaine. À l'école de Rome et en dehors de cette école se sont formés des artistes distingués auxquels les autres pays du monde n'ont point opposé de rivaux redoutables. Pourtant, à l'égard de la statuaire, où en est chez nous le goût public ? Quand s'ouvrent nos salles d'exposition, où se porte la foule ? A mérite égal, est-ce le peintre ou le sculpteur en renom qui verra son œuvre entourée ? Au salon de 1863, la critique a pu constater avec raison un sensible progrès dans les œuvres de la sculpture. Qui s'en serait douté en voyant la vaste nef presque vide ? On répète que la sculpture est un art froid, sérieux, aristocratique, que pour en sentir les beautés il faut de l'étude, de la préparation, des loisirs. On a donc oublié que cet art était démocratique à Athènes, même avant les largesses de Périclès ? Chez nous, on se presse, au moins pendant quelques jours, au salon de peinture, on se presse au théâtre, on se dispute les places, grâce à Dieu, aux nouveaux concerts populaires ; on ne court pas aux statues… Ainsi nous interrogeons le présent avec insistance et sans écarter aucune objection ; mais puisque le peu d'empressement qu'il a bien fallu remarquer n'est pas l'absolue indifférence, puisque la sculpture a encore des amis et suscite encore des talents, soit qu'elle s'adresse au gentiment national, soit qu'elle parle avec une suffisante éloquence le langage qu'a trouvé la statuaire grecque, nous ne voulons ni ne pouvons bannir l'espérance. Toutefois le progrès moderne de la sculpture, celui qui la marquera vraiment d'un caractère d'originalité, dépendra du concours des forces dont nous disposons aujourd'hui. Or, parmi ces forces, il en est une très puissante qui n'existait pas en Grèce, du moins sous sa forme actuelle, et dont il reste à parler.

Cette force, c'est le développement de l'esthétique, de la philosophie du beau, s'appuyant sur l'histoire de l'art. Il y avait chez les Grecs une certaine critique d'art. Il y avait des concours où les altistes se jugeaient les uns les autres, des expositions publiques où l'artiste assistait, et où chacun exprimait librement son avis. Il y avait enfin les philosophes, qui tantôt conseillaient directement les artistes, comme Socrate, tantôt introduisaient dans leurs écrits des théories sur les arts et sur la beauté, comme Platon et Aristote, C'était là à coup sûr de la critique, et une critique souvent efficace. Elle était loin cependant de posséder les connaissances variées et les moyens d'action de la critique actuelle. Au temps des Grecs, le passé de l'art était récent et court ; ce n'était guère que le passé de l'art grec lui-même. De plus, il y avait alors bien peu de nations où l'art fût cultivé avec succès, et qui pussent offrir des termes de comparaison et des occasions utiles de contrôler les œuvres nationales. S'il y a, qu'on nous passe ce terme, un croisement fécond des races intellectuelles comme il y a un mélange salutaire des races physiques, un tel croisement n'a été possible que très tard pour la Grèce antique, et quand il le devint, cette nation, restée la première par le génie, donna de son intelligence à d'autres peuples, aux Romains par exemple ; mais elle n'en reçut rien. Il est aisé de voir que, telles ayant été les conditions de l'ancien monde, la Grèce artiste devait vieillir de plus en plus sans qu'aucun échange de vie intellectuelle fraîche et neuve vînt prolonger sa maturité ou retarder sa décrépitude.

En est-il de même du monde moderne et de la France en particulier ? Non. Nous avons de plus que les Grecs le trésor d'une longue et riche expérience, et de nombreux moyens de rajeunissement. Jamais on n'a mieux connu que de nos jours l'histoire des époques de l'art ; jamais le courant des idées ne fut plus large et ne reçut tant d'affluents. Ces eaux vives, la pensée française a gardé la force de les détourner à son profit, de les diriger jusqu'à un certain point et de les mêler aux eaux de ses propres sources ; mais la critique d'art est aussi une des énergies de la pensée française, et sans contredit l'une des plus jeunes, des plus actives et des moins fatiguées. Quand le critique d'art a du talent, quand il a de la science, de la compétence, il a aussi de l'autorité, et on l'écoute. Entre la pure idée et l'art qui doit l'exprimer, le critique d'art est aujourd'hui le médiateur nécessaire. C'est à lui de transmettre au sculpteur, sous une forme déjà plus vivante et plus concrète, les inspirations de l'intelligence moderne et surtout française. Pas plus que les gouvernements et les lois, la critique d'art ne créera le talent ou le génie ; mais elle peut l'avertir, elle peut l'initier aux conceptions de l'esprit nouveau, moins faciles à saisir que les créations de la religion grecque. Si la critique d'art peut cela, et nous croyons qu'elle le peut, il dépend d'elle de rendre aux arts plastiques non certes la grâce native de la statuaire grecque, mais quelque fraîcheur et quelque jeunesse.

Un résultat essentiel à obtenir avant tout, c'est que les artistes soient convaincus de la nécessité absolue d'élargir par une instruction solide et variée le cercle de leurs connaissances. On est généralement d'accord sur ce point. Toutefois on semble, dans notre pays, trop compter sur les élans heureux des natures bien douées, et en même temps trop redouter pour l'artiste le frein de la réflexion et le poids de la science. Or les Grecs, dont les instincts esthétiques étaient à coup sûr beaucoup plus impérieux, beaucoup plus énergiques que les nôtres, n'avaient ni cette confiance exagérée ni ces appréhensions excessives. Il est avéré qu'en Grèce les artistes cultivaient les sciences et se gardaient de dédaigner les théories. Ami d'Anaxagore, Phidias apprit de ce penseur illustre à mieux comprendre la grandeur et la souveraine beauté de l'Intelligence éternelle, cause du mouvement de l'univers. Le peintre Parrhasius ; le statuaire Cliton, accueillaient Socrate dans leur atelier, et quand Socrate leur disait d'exprimer dans leurs ouvrages les passions et les beaux mouvements de l'âme, ils suivaient ces conseils, et s'en trouvaient bien. Moins puissamment doués que les contemporains d'Anaxagore et de Socrate, les artistes français voudraient-ils donc rester plus ignorants ? Ne doivent-ils pas au contraire s'efforcer de regagner du côté de l'intelligence, par l'instruction et la science, ce qui leur a été refusé du côté de l'instinct ? Certes on ne prétend pas ici imposer à leur imagination l'écrasant fardeau d'un savoir encyclopédique ; mais, puisqu'ils sont appelés à exprimer l'âme, quel mal y aurait-il à ce qu'ils la connussent un peu mieux, et à ce qu'ils fussent profondément convaincus de son existence et de sa noblesse ? Puisque leur fonction est de faire resplendir à nos yeux l'éclat idéal de la nature et de la vie, pourquoi ne s'exerceraient-ils pas à- discerner quelque peu l'idéal du réel, à acquérir de plus justes notions de la nature et de la vie, à comprendre enfin, même avec le secours de la philosophie, comment la vie et l'idéal, loin de s'exclure, s'appellent et se complètent mutuellement ? Puisque les artistes ont affaire aujourd'hui à une société dont la passion la plus haute et la plus féconde est l'amour de la science, quelle prise espèrent-ils avoir sur l'âme de cette société, s'ils dédaignent de connaître ce qu'elle aime et de lui parler de ce qui l'enflamme et l'honore ?

De nos jours, tout homme cultivé aime à se reporter par la pensée au sein des grandes époques et à s'en donner le vivant spectacle : eh bien ! que les artistes étudient l'histoire des beaux siècles ; qu'ils en retrouvent l'esprit et qu'ils en reproduisent la physionomie, l'accent, la passion dominante. Puisque l'analyse des caractères, la description des secrets penchants de l'âme, de ses douleurs morales et de ses crises intellectuelles, ne furent jamais plus goûtées qu'aujourd'hui, puisque jamais la soif de connaître ne fut plus grande, jamais la sympathie pour les peuples opprimés plus ardente ni plus manifeste, pourquoi le sculpteur négligerait-il de puiser à ces nouvelles sources de vives et fécondes inspirations ? Parmi les nobles émotions dont le monde est agité, et que la plastique peut traduire sans violer les lois qui la régissent, que le sculpteur choisisse, et qu'il renvoie à l'esprit de ce temps un pur et lumineux reflet de lui-même. En insistant ainsi sur ces questions attrayantes et graves, on se surprend à rêver une sculpture moins parfaite assurément que la statuaire grecque, mais belle et idéale encore, en même temps que plus spiritualiste et plus intellectuelle, et qui exprimerait, dans son langage calme et concis, tantôt le triomphe de la science sur les éléments vaincus et maîtrisés, tantôt les ardentes aspirations de l'esprit nouveau vers l'inconnu et le divin, tantôt ses tristesses et ses abattements, quand au lieu de la vérité cherchée il ne rencontre que le doute, tantôt enfin ses espérances à la pensée de la liberté et du règne de la justice…

Ce rêve, trop abstrait peut-être et qui ressemble trop à une méditation philosophique, la critique d'art, plus voisine de la réalité et des artistes, saurait au besoin le colorer, l'animer, lui donner des contours plus arrêtés.et des formes plus saisissables. Qu'elle s'en empare, qu'elle le corrige et l'achève, si toutefois elle l'en trouve digne ; mais désormais elle ne saurait se borner à distribuer équitablement l'éloge et le blâme. Elle n'aurait pas non plus accompli sa tâche tout entière, lors même qu'à des jugements sévères et trop souvent mérités elle ajouterait d'impuissants regrets et des gémissements stériles. Deux esprits éminents, aussi exempts d'illusions qu'incapables de défaillance, MM. Vitet et Gustave Planche, lui ont donné d'autres exemples. Jamais leur admiration passionnée pour l'antique ne les a empêchés ni de reconnaître les qualités originales de certains artistes contemporains, ni de chercher eux-mêmes des voies inexplorées, afin d'y pousser avec une hardiesse prudente les sculpteurs et les peintres de notre pays. Que la critique imite de tels maîtres. Qu'au lieu de se réduire aux fonctions de juge et quelquefois même au rôle de simple témoin, elle stimule et dirige les différents arts au nom de l'intelligence. À l'égard de la sculpture, les obligations de la critique sont plus nombreuses encore et particulièrement délicates. Cet art en effet a des forces expressives moins étendues et moins variées que celles de la peinture : la calme blancheur des marbres ou la teinte sombre du bronze attire peu le regard ; le champ où se meut le sculpteur a d'étroites limites ; enfin l'harmonie nécessaire des lignes lui interdit l'expression des mouvements vifs et des passions véhémentes. Croirait-on aider la sculpture à racheter de tels désavantages en lui conseillant un retour impossible vers la plastique grecque, c'est-à-dire une lutte téméraire avec Phidias et Praxitèle ? Non, le marbre et le bronze n'auront de valeur esthétique aux yeux des générations nouvelles que si l'âme moderne y palpite. Voilà ce que la critique pensera peut-être, si elle se recueille et réfléchit ; voilà aussi ce qu'elle fera entendre à la sculpture, si elle veut l'entraîner à de nouvelles et plus brillantes destinées.

ISBN : 978-1719260169

www.ingramcontent.com/pod-product-compliance
Lightning Source LLC
Chambersburg PA
CBHW030042230526
45472CB00005B/1642